Maloche

Die Anthologie 2023

Bibliografische Information der Deutschen Nationalbibliothek:
Die Deutsche Nationalbibliothek verzeichnet diese Publikation
in der Deutschen Nationalbibliografie; detaillierte bibliografische
Daten sind im Internet über dnb.dnb.de abrufbar.
Herausgeberin: Edition Dorettes – Sabine-Simmin Rahe
Umschlaggestaltung, Coverfoto und Layout: Sabine-S. Rahe

https://die-dorettes.de
1. Auflage 2023
© 2023 , das Copyright der Texte verbleibt bei den Autoren
Herstellung und Verlag: BoD – Books on Demand, Norderstedt
ISBN 978-3-75830-439-2

Edition Dorettes

Maloche

Die Anthologie 2023

Diandra Behrbalk

Maria Donner

Thomas Eichler

Andreas Nettesheim

Dr. Christian G. Pätzold

Richard Pfund

Sabine-Simmin Rahe

Dan K. Sigurd

Christian Wagner

Wolfgang Weber

01 | Der Perfekte Arbeitnehmer

Wie ist er so? Wie handelt er?
Kann er lukrativ, exzessiv,
gewinnbringend arbeiten?
Fehler vermeiden?
Arbeitgeber leiden?

Heikel und sehr verlogen
hat die Arbeitswelt jeher
den Wunsch verbogen,
der zu sein, der man will.
ist man leise, ist man still.
Verschwiegenheit schlecht
Vetternschaft

Haut man's raus, wie es ist – das Erstreben im Erleben –
so ist's, was wirklich wahr ist,
dann ist es, als hätte man auf dem Marktplatz einen Pferde-
haufen angelegt.

02 | Bewerbungsmomentum

Von Stolperstein Zu Stolperstein

Müh und Not,
Hoffen Bangen,
Zusammenfriemeln, was zusammen gehört.
Die Bewerbungsmappe –fein gestriegelt, fast gebügelt.

Nervös an jeder Zeile eine Weile dran getippelt
– fast schon zerstückelt – steckt das Papier mit Drucker-
farbe drin. Nur die Weichen. Mahlende Mühle – gibt so jenes
Momentum vor sich hin.

Das Probearbeiten – welch ein Wunder der Arbeitswelt –
passt man oder passt man nicht hinnein? Soll es dieser oder
jener Bewerber sein ? Der Prozess – langwierig und gar wun-
derbar, doch so, wie Du denkst, kommt es noch nicht.

03 | Das gebrochene System

Wie nennt es sich? Ist es geistig unbewaffnet?

Der Arbeitsbürger – der blinde, bildungsresistente – in
Schaaren vor der Glotze sitzt?

Die Regierung, die verbal – inkompetente, kognitiv subopti-
mierte, parasitäre Nebenexistenz*innen uns benennt –
aber das gebrochene Finanzverteiler-System nicht erkennt?

Wenn man bekennt, was hier und da durcheinander läuft ?

Wer kann noch kaufen, wer muss sparen?
Inflation steigt. Kaufkraft sinkt.
Die Laune der Welt gedimmt.

Hauptsache – ein Kanzler fährt ne'n teuren Wagen.
Man will sich ja sonst nicht irgendwie beklagen.

04 | Die Welt eines Meisters

Stets und beständig – eigenhändig.
 mächtig – vielleicht im Handeln weise
wie leise.

Wenn Löwen jagen,
dann pirschen sie sich für gewöhnlich
an Ihre Beute heran.

Wie ist sie so – die Arbeitsmeute?
Die Leute aus welcher Generation?
Gen Z? Millenial? Babyboomer?
Oder natürlich waldkultiviert?

05 | Das Bruttosozial

Das ist Butto und das Sozial
„gut" auf dem Papier, heisst nicht gut in Menschlicheit
Herzlichkeit, Vereinbarkeit von Familie und Beruf. Was tut
gut? Was ist schlecht? Machen kann man's nicht jedem recht.
Erkenntnis ist das, was am Ende des Monats an Erfahrung
übrig ist.

Und wenn am frühen Morgen die Werksirene tönt, wird
wieder in die Hände geklatscht. Möglicherweise hast du dann
was geschafft .

Diandra Behrbalk

– einst im bunten Berlin gelebt, inzwischen ins ruhige
idyllische Herdecker Fleckchen gezogen – dort, wo der Fluss
der Ruhr plätschert. Mal sehen, wohin einen das Leben weiter
bringt.

Arbeit

Verrichte deine Arbeit.
Verrichte sie gut,
damit alle sehen,
was man für andere tut.

Denke nicht an Schmerzen.
Denke nicht an Stress,
weil dich das auf andere
schlecht wirken lässt

Wenn die Kraft dahin ist,
wenn die Nerven liegen blank,
glaube nicht an Hoffnung.
Keiner will dich krank.

Gehe deinen Weg.
Gehe ihn bewusst
Arbeite, was du magst
Vermeide, daß „du musst".

Maria Donner

Ich lebe im münsterländischen Borken mit meinem Mann.
An meinen Kindern und Enkelkindern kann ich mich immer
wieder freuen, genieße es gleichzeitig, dass die Momente wert-
voll sind und die Verantwortung dann wieder bei den Eltern
liegt. Meine Webseiten sind www.we-do-it-now.net und www.
mariadonner.de

Die hängenden Gärten

Albert stand stets am Büdchen, so ab viertel nach vier
Und erzählte Geschichten, ausm Kohlerevier
Warn das Zeiten damals als die Kohle noch lief
Hände Arbeit und Schweiß und der Koksofenmief

Die hängenden Gärten sind längst schon verschwunden
Auf grau-nassen Straßen verschwimmt Dasein im Dunst
Dein Lachen war gestern, hab's heut nicht mehr gefunden
Doch immer erinnere ich mich

Und dann ist noch Sabine, in ihrm Haarstudio
Kommt grad über die Runden, träumt von nem Mann mit
Büro
Hat zu Haus noch drei Blagen, die extrem pubertiern
Dabei würde sie so gerne einmal Jura studiern

Die hängenden Gärten sind längst schon verschwunden
Auf grau-nassen Straßen verschwimmt Dasein im Dunst
Dein Lachen war gestern, hab's heut nicht mehr gefunden
doch immer erinnere ich mich

Und natürlich noch Manfred, Steiger ganz bis zum Schluss
Mit Bienen und Tauben, war im Revier ja ein Muss
Hat schon lange gelitten, und bekam kaum noch Luft
Gestern ist er gestorben und fährt heut in die Gruft

Die hängenden Gärten sind längst schon verschwunden
Auf grau-nassen Straßen verschwimmt Dasein im Dunst

Dein Lachen war gestern, hab's heut nicht mehr gefunden
Doch immer noch erinnere ich mich an Sonne und mit
Sehnsucht an Dich

Thomas Eichler

Geboren 1964 in Sachsen studierte er in Dresden und Dip-
poldiswalde Verfahrenstechnik. Zum Schreiben kam Eichler
ungefähr 2009. Erste Veröffentlichungen auf keinverlag.de,
danach Teilnehmer an mehreren Anthologien und Schreib-
wettbewerben, u.a. „Die Wachtberger Kugel." Printveröffent-
lichungen ua. "Nachtgedichte" im Projekte-Verlag Leipzig.
Zahlreiche Lesungen in und um Mainz sowie in Baden-Wür-
temberg.

Bedingungslos

Dank bedingungslosen Grundeinkommens
Saß er, derweil anderswo die Exfrau
Mit freundlicher KI konversierte,
Auf der Terrasse und betrachtete
Der Sonne notwendigen Untergang.

Zukunft

Das Rohr geschnitten und entgratet
Spannt der Lehrling achtsam in den Stock.
Zinkpaste streicht er ohne Lücke,
Setzt bündig auf die Winkelmuffe.
Die Flamme faucht, das Lot glänzt silbrig.
Er dreht die Flamme ab und blickt auf.
Ihm nickt der Meister Anerkennung.
Sie beide wissen, dass der Zukunft
Anlagen sie erbauen werden.

Bullshit

Fastfashion und Lieferdienst,
Pflegenotstand
Firmenrechtsabteilungen,
Bildungsmisere
Convenience Food Design,
Handwerkermangel
Doubt-trading, Lobbyarbeit,
Reformstau
PR, Telemarketing
Klimaziele.

Durchschnitt

Zweihundertachtundreißigtausend
Euro Durchschnittsvermögen würden
Jeden und jede zuverlässig
Vor Bullshitjobs bewahren.
Doch wer ist schon durchschnittlich?

Menschheitstraum

Davon träumten sie, dass die Roboter,
Chatbots, künstliche Intelligenzen,
Maschinen, Algorithmen und KIs
Die Plackerei ihnen abnähmen.

Erwacht begriffen sie tatsächlich schnell,
Dass diese Dinge Leuten gehörten,
die der Träumer leicht entbehren konnten
Dank der traumhaften Apparate.

Hände

Nichts und niemand schliff ein Werkzeug,
Wie seine wissenden Hände.
Diesen weltmarktbestimmenden
Unique Selling Point pflegten
Dynastien von Managern,
Denen nun sein Ruhestand droht,
Ohne dass der Hände Wissen
Auf jüngere übertragen wurde.

Sorge

Die Sorge um den Menschen
Heben wir in Arbeit auf.
Visionen der Arbeit
Verhältnis aufzuheben
Meinen das Ende der Sorge.

Möglich
Staat ohne Herrschaft
Markt ohne Reichtum
Arbeit ohne Ausbeutung
Wirtschaft ohne Extraktion

Saatwinkel

Zur Badestelle Saatwinkel
Eine Imbissbude stand
Darin zwei Damen frittierten
Schon jahrzehntelang Pommes Frittes.
Sie berieten jeden Handgriff,
Verlegten jedes Werkzeug.

Der Badegäste Schlange
Übte jahrzehntelang Geduld.
Jungfische flitzten ängstlich
Am Schilfgürtel entlang.
So brach kaum Eile aus
Zur Badestelle Saatwinkel.

Anka
Sie putzte samstags Schulen
Nach der Wochenarbeit
In der Fabrik. Die Freundin
Tat das jede Woche auch.

Ihre Kinder spielten
In den langen Fluren.
Zuhause sang sie jeden
Schlager beim Putzen mit.

Vlad

Seine groben Hände,
Der blasse T-Shirt-Druck
Basecap, Cargohose,
Verraten ihn sofort.
Das Malocherjetset.

Während seiner Arbeit
An meinem Mauerwerk
Reden wir darüber,
Ob Vlad Dracul Unrecht
Geschah von seinem Gott.

Vater

Seiner Tochter wäre kein Job zumutbar,
Bei dem zu früh sie müsste aus dem Haus,
Nach Pankow fahren solle dafür.

So müsse er den Unterhalt aufstocken.
Die Jugend fristet davon im Reservat.
Er arbeitet derweil als Installateur.

Verkracht

Falls ich Künstler werden sollte,
Verkrachte meine Existenz.
Die bürgerliche Arbeit trägt
Daran ganz alleine Schuld:
Von acht bis vier
Konnt ich nicht dichten,
Von acht bis vier
Kein Bild ich malen,
Von acht bis vier
Schwieg der Gesang.
Aber die Stifte spitzte
Ich sorgsam alle an.

Wertschöpfung

Sie kocht fünf Kindern Mittag.
Das Minus Materialpreis
Im Restaurant in Euro
Sechsunddreißig kostete.
Wohnungsputz am Vormittag.
Minus Utensilien
achtundvierzig Euro zehn
eingesparter Arbeitslohn.
Sie betreut die Aufgaben.
Spart fünfundsiebzig Euro.
Abendessen sechsundvierzig.
Aufsicht und Vorlesen an
Kinderbetten sechsundfünfzig.
Macht zweihunderteinundsechzig
Ihr Zahltag wäre der Ruin der Familie,
Ihr Vorbild der Volkswirtschaften Untergang.

Andreas Nettesheim

Geboren wurde ich 1969 in Belgien und lebe seit 1978 in Berlin. Schreiben wird neben Zeichnen früh meine Methode auf Erlebnisse, weltanschauliche Äußerungen und Theorien zu reagieren. Ich unterrichte an einer Brennpunktschule Mathematik und Deutsch. Dort engagiere ich mich als Vertrauensmann der Gewerkschaft. Essays, Skurriles und Gedichte - zum Teil illustriert - veröffentliche ich seit einigen Jahren auf meiner Website tiquarit.jimdofree.com. Daneben strebe ich die Veröffentlichung politischer Texte und Kinderbücher an. Ich bin in allen Künsten ein gelernter Dilettant sowie im Handwerk ein Frickler

maloche

maloche ist ein jiddisches wort
und bedeutet schwere körperliche arbeit
das problem mit der maloche ist
dass sie oft nicht da ist
wenn du geld brauchst
oder dass du etwas arbeiten musst
was nicht pc ist
oder dass du vollidioten, choleriker und intriganten als vor-
gesetzte hast
oder dass du ausgequetscht wirst
wie eine zitrone
um den extra-profit zu erhöhen
dann bist du so müde
dass du den rest des tages brauchst
um dich für den nächsten arbeitstag zu regenerieren
knochenjob
rabotten rabotten
hetze und stress
optimierte arbeitsabläufe
für ein leben bleibt keine zeit mehr
hier hast du keine luft zum atmen
die wahrscheinlichkeit ist groß
dass du als prekärer minijobber endest
in dieser gesellschaft wird es nichts
mit der sinnvollen arbeit
außer ihr schreibt politische gedichte
liebe malocher und malocherinnen
liebe proletarier und proletarierinnen

avanti popolo
alla riscossa
bandiera rossa trionfera!

(nicht von chat gpt oder ki geschrieben)

Dr. Christian G. Pätzold

In Berlin geboren und aufgewachsen, beteiligt an der Studentenbewegung von 1968, Offset-Drucker in Kreuzberg gelernt, um die Welt gereist, Volkswirtschaftslehre an der Freien Universität Berlin studiert und promoviert. – Später Ökonomie und Finanzwissenschaft unterrichtet, einige Bücher geschrieben. Seit ein paar Jahren gebe ich den Berliner Kulturblog www.kuhlewampe.net heraus. Und kämpfe ansonsten gegen die schrecklichen Verhältnisse an.

Sinn

Ein Geschenk wurde mir gegeben,
spüre auf der Haut Sonnenstrahlen.
Manchmal auch Regen.
Meine Gesichtszüge strahlen,
wenn ich Lebenssinn gefunden.
Also werke ich unumwunden,
um mein Leben zu zeichnen,
das mir scheint zu reichen.

Richard Pfund

28 Jahre alt, sitzt seit der Geburt mit einer Infantilen Cerebral Parese im Rollstuhl. Lebt seit 2023 in Baden-Baden. Im Oktober 2022 erschien sein erster Kurzgeschichtenband: „Hurra, ich bin da" im Geest Verlag.

Wir waren… – Gedanken einer lesenden Arbeiterin

Wir waren Jäger, Hirten, Zimmerleute und Bäuerinnen.
Wir waren Fischer, Boten, Wäscherinnen und Mägde.
Wir waren Bettler, Köche, Melker, Köhler, Stahlkocher,
Torfstecher, Weber, Tagelöhner, Matrosen
und tranken durstig den Krug
mit Wasser in einem Zug.
Man hat uns im Krieg
und im Frieden geschunden
und ebenso wenig geschont,
wie das Vieh.
Wir bauten die Tempel, die Gräber und Paläste,
doch unsere Namen sind getilgt.

Seltsam

Der Mensch hat sich selbst
eine seltsame Welt hingestellt
in der seine Bedürfnisse nicht gelten.
Rasch, rasch wird er vorwärts gepeitscht,
um ihm auch noch das letzte Quäntchen
Energie abzupressen.
Besonders schlimm sind diejenigen,
die sich diesen Unsinn auch noch
zueigen machen. Die "Hurra" schreien,
wenn es heißt: "Wir ziehen in den Krieg."
Die die Peitsche in die Hand nehmen
und im Interesse Weniger,
alles von ihren Mitmenschen abfordern,
die mit ihren dicken SUVs
über rote Ampeln brettern,
die mit Gewalt nehmen, was ihnen
freiwillig nicht gegeben wird,
die keine Verantwortung kennen,
die mehr Verlangen, als möglich ist.

Ein schöner Abend.

Voll Kampfeslust und und selbstbewußt
genießen wir den Abend
zerlegen im Gespräch die Taktiken der Feinde.
Wir gehen voran, weil jeder muß.
Wird's schwierig, nehmen wir die Hindernisse
als Trittsteine für eine leuchtendere Zukunft.
Beleidigungen bringen uns nicht aus dem Takt,
denn wir wissen, sie sind nur Strategien
der Einschüchterung und Ihre Sprecher
machen sich lächerlich.
Wir bleiben im Inneren ganz unbeeindruckt,
denn wir enträtseln, was als List
gegen uns eingesetzt wird
und lassen uns nicht kujonieren.

Wir machen blau – heute.

Komm' wir fahren ins Blaue
und lachen uns eins.
Ein Tag für uns
bis die Fron wieder ruft.
Laß' uns das Grün erobern
und barfuß über den Rasen tanzen.
Heute wollen wir feiern,
dass wir kämpfen können
und die Schinder hinter uns lassen.
Herr Puntila kann uns nicht kaufen
und muß seine Bowle selber saufen,
denn unseren Weg bestimmen wir selbst.

08 | Ganz da

Ganz da, ganz hier, wach,
voller Kraft.
Mich berührt nicht mehr
die Ungestalt des absurden Alltags.

Ich verschwende keine Energie für
sinnlose Kämpfe
und stelle mich der Wirklichkeit.
Das Unrecht drückt mich nicht mehr nieder.
Ich nehme es zur Kenntnis
und schüttel es ab.

Wer mit uns Schritt halten will,
muß sich beeilen.
Wer sich an uns bereichern will,
dem weisen wir den Pfad.

Rafft nur.
Ihr könnt doch nichts behalten.
Am Ende werdet Ihr gefällt.
Wir aber haben den Geschmack
klaren Wassers auf unserer Zunge
und helfen dem Niedergemähten auf.

Ausverkauf
Ab Juli wird der Sommer ausverkauft.
Das ist eben so.
Da kannste nix machen.
Das ist Kapitalismus.

Dann bringen die Boten
die Waren für die nächste Saison
die Treppe hinauf.
Das ist eben so.

Und wenn man den Boten
um den Profit bescheißt,
dann ist das halt so.
Da kann man nix machen.
Der hätt' in der Schule
lieber besser aufgepaßt.

17 | Stufen

Viele Treppen bin ich hinaufgestiegen,
um ohne Mühen zu den Bänken
der Agora Latos hoch über der Küste zu gelangen
und an einem milden Septembermorgen
im Schatten eines Olivenbaumes
auf ihnen Platz zu nehmen.
Nur das leise Schellen der Ziegenglocken in den Hängen
unterhalb der Grundmauern der antiken Stadt
und unsere Worte durchbrachen die Stille.
Vielen πολίτες hatte ich Früchte und Speisen
mundgerecht zuzubereiten gehabt,
um an dem Abend dieses Aufstiegs,
den vollen Mond und das Gewitterleuchten
in den auf das Meer ziehenden Wolken
über den Bergen Kretas
von unserer Terrasse aus zu beobachten.

Auch wenn wir schon bald wieder dienstbar sind,
werden wir doch nicht mehr dieselben sein,
denn uns ist Gerechtigkeit widerfahren – an jener Agora.

Sabine-Simmin Rahe

- dichtende Malocherin – schreibt, seitdem die Lebenserfah-
rung sie gestreift hat – Prosa und Texte, die sie auf ihrem Blog
„Die Dorettes" und in Büchern unter der Edition Dorettes
veröffentlicht. Bisher erschienen und verfügbar sind:
Der Gedichtband „Nachwendezeit" als eBook - 2020,
„Fragmente" – ein Prosatext, 2022 und „Prolog" – ein wei-
terer Gedichtband- 2021, sowie ein Essay zum Thema „Was ist
Heimat?" in einem Sammelband aus Wettbewerbsbeiträgen
im Frühjahr 2017. Außerdem ist sie die Initiatorin der Treffen
der „Poetinnenoffensive" in Berlin, die drei bis vier Mal im
Jahr stattfinden. Dort wurde die Idee zu den Anthologien der
Edition Dorettes geboren.

Revolte, Maloche, Solidarität

irgend jemand sollte
mal für eine Revolte
sorgen
und das heute
nicht erst morgen
denn andere machen fette Beute
dank unserer
Maloche
dabei wär
es doch garnicht schwer
ein bisschen Solidarität
zu zeigen
dafür ist es nie zu spät
doch wenn ich dazu aufrufe hör ich nur Schweigen

Macht, Destruktion, Klassenkampf

was ist schon
ein kleines bisschen Destruktion
im Angesicht
zerstörerischer Macht
die doch täglich so vieles zerbricht
das wäre doch gelacht
wir machen lieber mal ordentlich Dampf
sorgen dafür, dass es kracht
die Zeit ist reif für ein klein wenig Klassenkampf
doch wir versprechen
uns nur an Dingen zu rächen
An keiner Frau, an keinem Mann
sind sie auch Feinde – bald stehen wir
Seite an Seite – irgendwann...

Dan K. Sigurd

wurde 1990 in Berlin geboren, wuchs jedoch größtenteils in
Hamburg auf. Zwischen zahlreichen ausgedehnten Reisen
durch Europa und die USA studierte er Film, Politik und
Psychologie an der Freien Universität sowie Regie an der
filmArche in Berlin, wo er zur Zeit lebt und arbeitet. Er gibt
regelmäßig Lesungen seiner Werke und schreibt seit einigen
Jahren Gedichte für Passanten im Mauerpark in Prenzlauer
Berg. Seine Bücher GIB MIR 3 WORTE und 3 WORTE
UNTWEGS sind im Berliner Verlag Periplaneta erschienen.

01 | Gesetz des Lebens

Wer hat gesagt, das Lebensalter
habe irgend eine Relevanz
jenseits des Zeitpunkts eines Endes?

Ein scheinbar höhergültiges Gesetz,
das sagt, wer Großes schaffen wird,
und welcher nicht?

Wir messen Genien daran, und
Nutzen eines Menschen in der Kunst,
die wir oft selber nicht verstehn – die
eines ganzen Menschen!

Und wie wir teilen Welten ein
in biologische Geschlechter, die
die Haltbarkeiten ihrer Form
schneller erreichen oder langsamer:
— Es bringt das Innerste nach außen
nicht nur mir!

Ein Mensch ist niemals nicht zu messen;
nicht mit Stempeln zu versehen,
die Erfolg prognostizieren,
oder frühen Fall.

Seine Funktion, ihre Bestimmung
doch in diesem ganzen Leben
ist viel mehr als Kritikergeschreibe
oder datensammelndes Geschätze.

Diese Stimme eines Menschen
ist das einzige Gesetz,
nach dem wir doch
uns selber richten dürfen,
ist das einzig höhergültige
Gesetz des Menschen ganz.
—
Für die junge Pianistin Schaghajegh Nosrati

02 | Kranke Vorbilder

ein prosaisches Gedicht auf einen Spruch von Gottfried Benn:

„Glück ist: Dumm sein, und Arbeit haben" war ein Spruch
von Gottfried Benn, den lange ich bewunderte. Wen? Na
beide. Benn und Spruch, in ihrer Radikalität. In ihrem eli-
tären Weltverständnis und der zarten Seele, die sich tief darin
verbirgt.
Doch ist der Spruch auch falsch!

Natürlich hilft's dem Überleben ungemein, nicht allzu viel
zu denken, aber dumm sein muss man dafür nicht. Vielmehr
gesund genug, es nicht zu tun!

Wenn einem elitären Dichter, leidgeprüften Arzt und Welt-
kriegszeugen Dummheit paradiesisch leuchtet, muss er krank
sein! Muss er?

Wer so fein empfindet; über menschliche Gedärme schreibt
und darin wühlend vordringt in die tiefsten Menschentiefen,
und von Liebe schreibt, wie kaum ein anderer es vermag,
Ja schön wär es, wenn der nicht krank wär!

Doch ist es Kitsch, vom Kranksein in dieser kranken Welt zu
reden? (Wie ging gleich der andere Spruch*?)

Es bleibt für mich von Benn und Spruch, und von der Liebe
die uns beide mit den beiden da verband, nur eins:

Was er da suchte, sehnte, wünschte, und verächtlich machend,
nicht verstehend hasste und nie fand, ist keine Dummheit,
nein.

Es ist die Kraft, sei's durch Geburt und Gene oder zufällige
Rahmenhandlung einer Menschenjugend, die das macht, dass
jenseits von Moral und weisensteinernen Gebäuden eines
Menschenideals das Eigene, das Selbst sich formt, gedeiht,
erhalten bleibt im Wahnsinn einer jeden Menschenzeit.

Und so wird's einfach, fast banal; ganz ohne dichterische Hö-
henflüge kommt es aus, und ohne Einzelne zu schmähen, weil
sie scheinbar dumm ihr Leben leben – welcher wirklich gute
Dichter wähnt sich da als Riese vor dem Ameisengewimmel
alltäglich menschlichen Geweses; wähnt, er könnt' das Ganze
überschauen? – Werden wir ganz allgemein:

Zum Glück fehlt's selten an Moral, an hohen Idealen und an deutungsschweren Sprüchen, die Ersatz sind nur für das, was wirklich fehlt!
Man darf, ja muss gesund sein wollen in einer kranken Welt; und mag das feinen, zu sensiblen Menschen böse scheinen, dumm und arbeitsam, zutiefst verwerflich —

So ist es doch schlicht ein Instinkt der Menschen, sich und seine Nächsten zu erhalten – wer braucht Religion dazu?!
– und damit bin ich bei mir selbst, der leidet. Weil er diese Kraft nicht hat in einer Zeit, wo objektiv gemessen überall mehr Wahnsinn doch grassiert als noch in anderen Zeiten, er regiert und droht, und Kranke herrschen, wo gesunde bitter nötig wären.

Sprech' ich also selbst:
Glück ist nicht dumm Sein und Arbeit haben, nein.
Glück ist, Kraft zum Leben haben, die überdauert, auch in Zeiten kollektiven Wahnsinns, Arbeit möglich macht, und angesichts atomgetriebener Gefahren sich nicht scheut, das einzige zu tun, was dieser großen Mehrheit bleibt, wenn eine Minderheit von Kranken nur zum Selbstzweck ihrer egomanen Macht das Leben selbst bedroht:

Weiterleben. Arbeiten und leben.

** Der Spruch:*
„A Dane person to an insane society must appear insane"
Kurt Vonnegut in: Welcome to the Monkey House (Delacroix
1968).
Ähnlich zugeschrieben auch Jean-Jacques Rousseau.

Christian Wagner

studierte Musik, Germanistik und Sprachen in Mainz,
Potsdam und Paris. Als professioneller Sänger arbeitet er in
Europa und außerhalb. Der Stipendiat und Gewinner inter-
nationaler Wettbewerbe spricht und schreibt in mehreren
Sprachen, und verdingt sich nebenbei als Dolmetscher. Seit
seiner Jugend schreibend, beschäftigt er sich mit alten Formen
und eher Experimentellem, beispielsweise Paul Éluard und
E. E. Cummings, und schreibt stets aus einer queerfeministi-
schen und antikapitalistischen Perspektive.

malochen malochen

malochen
malochen

sag mir
was ist
malochen

schuften
von früh bis spat
am liebsten würden
manche verduften

malochen
verbreitet
im bergbau
lange schichten
untertage

malochen
malochen

kochen mit
& ohne knochen
ist das auch
malochen

malochen
malochen

da werden
leute ausgebeutet
bei geringem lohn
langen arbeitszeiten
schlechten bedingungen

malochen
malochen

körperlich harte
arbeit
in praller sonne
ja – das ist
malochen

texte schreiben
zu themen
die sich
jemand anders
ausgedacht

ist das auch
malochen

nicht unbedingt

manche themen
für mich
nur schwer
zu bewältigen

für andere
ein klax
& umgekehrt

aber
es macht
auch spaß

meistens

sich einer
herausforderung
zu stellen
nix für die
schnellen

über sich
hinaus
zu
wachsen

das ist kein malochen

malochen
malochen

sag mir
noch
ein
mal
was ist
malochen

malochen
malochen

fremdbestimmte
arbeit
unter
schlechten
bedingungen

malochen
malochen

das ist
malochen

versprochen

II. malochen, Materialsammlung

II.a. https://www.openthesaurus.de/synonyme

hart arbeiten (Hauptform) • arbeiten wie ein Pferd • bis zur
Erschöpfung arbeiten • (sich) in die Sielen legen (veraltet)
• (sich) (mächtig) ins Geschirr legen • (sich) (mächtig)
ins Zeug legen • rackern • schwer arbeiten • viel arbeiten
• werken • (sich) abfretten (ugs., süddt.) • ackern (ugs.) •
ackern wie ein Hafenkuli (ugs.) • ackern wie ‚ne Hafendirne
(ugs.) • (schwer) am Wirken sein (ugs., regional) • (sich)
fretten (ugs.) • hackeln (ugs., österr.) • keulen (ugs., regional,
ruhrdt.) • malochen (ugs.) • nicht kleckern, sondern klotzen
(ugs.) • plockern (ugs., regional) • rabotten (regional, teilw.
veraltet) (ugs.) • ranklotzen (ugs.) • reinhauen (ugs.) •
reinklotzen (ugs.) • roboten (ugs.) • rödeln (ugs.) • schaffe,
schaffe, Häusle baue (ugs., Spruch, schwäbisch) • schuften
(ugs.) • schwer zugange sein (ugs., ruhrdt.) • werkeln (ugs.) •
wullachen (ugs., ruhrdt.) • wullacken (ugs., ruhrdt.)
Oberbegriffe: arbeiten • aktiv sein • (sich) betätigen (als)
Unterbegriffe: (sich) überarbeiten • zu viel arbeiten • (sich)
kaputtarbeiten (ugs.)
Assoziationen: Gepäckträger (z.B. am Bahnhof) • Kuli •
Lastenträger • ... harte körperliche Arbeit • Kärrnerarbeit
• Knochenarbeit • ... (sich) abarbeiten • (sich) abmühen •
(sich) abplagen

Maloche bezeichnet umgangssprachlich „schwere Arbeit".
Das Wort geht auf hebräisch mela(,)?a(h) – meläkä, „Arbeit",
in aschkenasischer Aussprache malocho, zurück. Wie viele
andere Jiddismen fand es über das Westjiddische sowie das
Rotwelsche, wo es seit dem 18. Jahrhundert bezeugt ist, Ein-
gang in die deutsche Umgangssprache.
Der große Duden nahm den Begriff Maloche 1987 auf und
definierte seine Verwendung als salopp für „[schwere] Arbeit".
Nach Hans Peter Althaus ist im Rotwelschen Meloche, Me-
louche, Maloche, Maloge zwischen 1822 und 1922 für „Ar-
beit, Beschäftigung, Gewerbe, Handwerk" verwendet worden,
das entsprechende Verb ist schon seit 1750 nachzuweisen und
bedeutete „arbeiten, machen, tun, verfertigen, schreiben". Im
Südhessischen Wörterbuch wurden die Verbformen melo-
chen, melachen, malochen als „schwer arbeiten, schuften"
definiert; ein Melochem als jemanden, der niedrige Arbeiten
verrichtet. Hermann Fischer bezog sich in seinem Schwä-
bischen Wörterbuch auf die Gaunersprache und nannte als
weitere Bedeutungen „Plünderung" und „Schikanierung".
Andere Quellen, die eher von einer jiddischen Herkunft aus-
gehen, bezeichnen beispielsweise den Handwerksburschen
als Melochestift. In Thüringen stand 1786 Melooche für
„Verwirrung", im Rheinland wurde Malochem für „schwere
Arbeit", aber auch „Unglück, Pech" als Übernahme aus der
Sprache der Juden belegt. Die Verwendung für „Kunstgriff"
im Brandenburgisch-Berlinischen Wörterbuch von 1980 ist
nach Althaus dagegen nicht eindeutig belegt.

Die Bedeutung für harten Körpereinsatz wurde unter
anderem durch oberschlesische Bergarbeiter, die den Begriff
von polnischen Juden übernommen hatten, in den Kohle-
abbaugebieten des Ruhrgebiets verbreitet. So wird der Begriff
heute vor allem als typisches Wort des Ruhrdeutschen wahr-
genommen.

Sport
Im Fußball gibt es einige Vereine, welche sich aufgrund ihrer
Geschichte und Vereinsidentität als Malocher-Clubs sehen.
Häufig sind das Vereine, die vom Bergbau geprägt wurden wie
zum Beispiel der FC Schalke 04 oder der polnische Verein
Zagłębie Lubin.
--

Wolfgang Weber
VITA, was solltet Ihr wissen? Burgenlandkreis, Norddeutsch-
land, Berlin Wedding, Geographie, Anglistik studiert, kein
Lehrer. Durch Wettbewerb zum Schreiben von Texten
gekommen, in Zentrale eines sozialen Trägers in der Verwal-
tung tätig, Begriff rhythmische Texte erfunden für das was
ich schreibe. Bevölkere offene Bühnen, viele meiner Texte
erscheinen in einem Kunst Magazin. haus und strasse heißt
mein Buch, meine website: https://wolfgang-weber.jim-
dofree.com